HONG SE JING DIAN

红色经典诗文诵读

SHI WEN SONG DU

（一）

——适用于小学低年级——

《红色经典诗文诵读》编委会 编

海峡出版发行集团 | 鹭江出版社
THE STRAITS PUBLISHING & DISTRIBUTING GROUP | LUJIANG PUBLISHING HOUSE

2021年·厦门

版权声明

培根铸魂诵经典（代序）

2021 年是中国共产党成立一百周年。一百年前，从上海石库门到浙江嘉兴南湖红船上点起的星星之火，以燎原之势席卷中华大地。百年光辉历程，百年丰功伟绩，从“红船”到“巨轮”，中国革命的道路是无数先贤英烈用理想与信仰的光芒照亮，用热情与鲜血铺就的。在艰苦卓绝的革命征途中，无数仁人志士为了人民幸福，为了民族复兴，流血牺牲，以身许党，以身许国，留下一篇篇震撼人心的诗文，鼓舞自己，激励后人。

红色诗文里有浩然正气　从李大钊吟诵“赤旗的世界”，到瞿秋白的“赤潮澎湃”，再到方志敏的“我们相信，中国一定有个可赞美的光明前途”，为了一个光明的中国，革命者胸怀峻烈的正义感，对横逆永不屈服，即使头断血流，也义无反顾。他们呼吁国人“持久的艰苦的奋斗，把个人所有的智慧才能，都提供于民族的拯救”。为了让更多的人能得到真正的自由，走向更广阔的世界，一批批革命家前仆后继，艰苦奋斗。这些红色诗篇里燃烧着无限的激情，也闪耀着明澈的光辉。诵读先烈们用生命和鲜血写就的诗文，胸中的革命豪情也会澎湃不已。

红色诗文里有信仰力量 在风雨如晦的年代，一封封写给亲人、友人的“宣誓书”“请战书”“决心书”“明志书”“托孤书”“行军书”“示儿书”“绝笔书”“就义书”，诠释着革命先烈坚贞的爱情、真挚的友情、浓郁的亲情。25岁的共产党员史砚芬在遗书中写道：“我的死，是为着社会、国家和人类，是光荣的，是必要的。我死后，还有我千万同志，他们能踏着我的血迹，奋斗前进。我们的革命事业，必抵于成。”究竟是什么力量使他们愿意为革命事业抛头颅、洒热血？毫无疑义，是信仰的力量，是他们对共产主义事业的崇高信仰，是他们对国家和民族的正义担当。诵读这样的诗文，内心也会油然生出强烈的责任感和使命感。

红色诗文里有革命精神 “红军不怕远征难，万水千山只等闲”“风雨侵衣骨更硬，野菜充饥志越坚”，革命的征途中，无论是红军战士、游击队员、新四军战士还是志愿军战士、戍守边疆的战士们，面对“敌军围困万千重”或者瞬息万变的敌情、险情，依然保有乐观与激情，不怕艰难困苦，坚持战斗，坚守岗位，谱写出一曲曲动人的革命乐章。诵读这样的诗文能够感受共产党人自强不息和乐观的精神，也会被感染，从而充满信心去奋斗。

红色诗文里有赤子情怀 孔繁森二次进藏时说：“站在祖国的高原——西藏 / 为了祖国的每寸土地繁荣昌盛 / 我愿做雪山上的一盏明灯 / 把祖国的边疆西藏照亮。”18 岁的戍边英雄陈祥榕在战地日记里写下：“清澈的爱，只为中国。”英雄儿女的诗文中饱含着对国家的热爱与希冀。“为什么我的眼里常含泪水？因为我对这土地爱得深沉”，这些充满炽热情感的诗篇，承载着中华儿女的光荣与梦想，读来更是令人热血沸腾。

“一只角就是一片朝霞 / 一面旗就是一部沉甸甸的历史”，经历岁月积淀的诗文不仅是一篇篇让人感怀的经典，也是一幅幅动人的记忆画卷。书中诗文的编选循着中国共产党百年历史足迹，选取那些闪耀着爱国主义、集体主义和理想信念光辉的诗文，期望能够帮助中小学生重温革命传统，坚定理想信念。

作为面向广大青少年的读物，丛书根据不同学段学生的认知能力和欣赏水平分为四册，分别适用于小学低年级、小学中高年级、初中和高中阶段。特别需要说明的是，由于作品授权等方面的问题，有些当代优秀诗人的作品无法入选，敬请读者谅解。同时，根据现代汉语使用规范，以及考虑到学生朗诵时的一些特殊情境，编委会在选编的过程中对个别字、词进行了调整，敬请大家理解。

初心如磐，使命在肩。期待广大青少年通过诵读红色经典诗文，能从中汲取力量，学习革命先辈“牺牲小我，成就大我”的奉献精神，树立报效国家、服务社会的人生目标，涵养深沉的爱国情怀，进而迸发出创新创造的力量！

目录

第一辑　闪闪的红星

第二辑　革命的火焰

第三辑　红色交响曲

第四辑　从小爱祖国

第五辑　崭新的天地

第一辑

闪闪的红星

“七一”是这样的一个日子（节选）

石 英

“七一”是这样一个日子
她是两千万英烈共同的生日
又是上百年风雨永恒的记忆

“七一”是这样一个日子
她是砸开旧世界铁栅（zhà）的巨锤（chuí）
又是打开新天地之门的钥匙

从“七一”到“十一”
不过九十天的距离
但历史走了二十八年

每一次攀登都是腊子口
每前进一步都是雪山草地
“七一”在天安门广场迎接胜利

腊子口是甘川古道一处很险要的峡谷隘口，是腊子口战役的发生地。红军正是攻破腊子口才顺利进军陕北的。

她又在大会堂门口为战士送行
征程中有顺境也有曲折
但风展红旗永远是春天的呼吸

红星歌（节选）

魏宝贵 邬大为

红星闪闪放光彩，
红星灿灿暖胸怀，
红星是咱工农的心，
党的光辉照万代，
红星是咱工农的心，
党的光辉照万代。
长夜里红星闪闪驱黑暗，
寒冬里红星闪闪迎春来，
斗争中红星闪闪指方向，
征途上红星闪闪把路开。

小贴士

《红星歌》是一首雄壮有力的儿童合唱歌曲，是电影《闪闪的红星》的主题曲。

党旗（节选）

王俊生

一只角就是一片朝霞
一面旗就是一部沉甸甸的历史
五千年的文明史书里
你是一座红色的城堡

金色的镰刀和铁锤
锻（duàn）打了一个坚韧而又挺拔的民族
一个伟大的时代由此诞生
一个战斗的集体昂然屹立
永远是一方圣洁的天空
湿润了所有渴求的目光
把一切色彩和线条
译成世界上最壮美的语言
有信念正越过七千万肩头
一腔温热的脉搏中
黎明喷薄而出

一枚党徽

徐 敏

我常常注目一枚小小的党徽，
镰刀和斧头闪动着光辉。
静静地躺在那里，悄无声息，
我却看到，一座伟大的丰碑。
一百年，几多风雨如晦（huì），
来时路，都是百转千回。
漫漫长夜，一个民族在沉睡，
终要唤醒，镰刀斧头的光辉。

我庄重挂好一枚小小的党徽，
镰刀和斧头闪动着光辉。
紧紧地贴在胸前，悄无声息，
我却听到，大河奔涌的交汇。
九万里，遥望蓝天碧水，
新时代，复兴大业壮美。
民富国强，一个民族在描绘，
听到催问，镰刀斧头的光辉。

党徽，一枚小小的党徽，
镰刀和斧头闪动着光辉。
党徽，一枚闪光的党徽，
镰刀和斧头叠成了丰碑。

国际歌（节选）

［法国］欧仁·鲍狄埃 / 著　萧三 / 译

从来就没有什么救世主，
也不靠神仙皇帝！
要创造人类的幸福，
全靠我们自己！
我们要夺回劳动果实，
让思想冲破牢笼！
快把那炉火烧得通红，
趁热打铁才能成功！

义勇军进行曲

田　汉

起来！不愿做奴隶的人们！
把我们的血肉，
筑成我们新的长城！
中华民族到了最危险的时候，
每个人被迫着发出最后的吼声。
起来！起来！起来！
我们万众一心，
冒着敌人的炮火前进！
冒着敌人的炮火前进！
前进！前进！
前进！进！

小贴士

《义勇军进行曲》由田汉作词、聂耳作曲，是中华人民共和国国歌，被称为中华民族解放的号角。

中国少年先锋队队歌

周郁辉

我们是共产主义接班人，
继承革命先辈的光荣传统，
爱祖国，爱人民，
鲜艳的红领巾飘扬在前胸。
不怕困难，不怕敌人，
顽强学习，坚决斗争。
向着胜利勇敢前进，
向着胜利勇敢前进前进，
向着胜利勇敢前进，
我们是共产主义接班人。

我们是共产主义接班人，
沿着革命先辈的光荣路程，
爱祖国，爱人民，
少先队员是我们骄傲的名称。
时刻准备，建立功勋（xūn），
要把敌人，消灭干净。
为着理想勇敢前进，
为着理想勇敢前进前进，
为着理想勇敢前进，
我们是共产主义接班人。

国旗

艾青

美丽的旗
庄严的旗
团结的旗

四颗金星
朝向一颗大星
万众一心
朝向人民革命

我们爱五星红旗
像爱自己的心
没有了心
就没有了生命

我们守卫它
它是我们的尊严
我们跟随它
它引我们前进

革命的旗
团结的旗
旗到哪里
哪里就是胜利

英雄赞歌（节选）

公　木

风烟滚滚唱英雄，
四面青山侧耳听，侧耳听。
晴天响雷敲金鼓，
大海扬波作和声。
大民战士驱虎豹，
舍生忘死保和平。

为什么战旗美如画？
英雄的热血染红了它。
为什么大地春常在？
英雄的生命开鲜花。

延安颂

莫 耶

夕阳辉耀着山头的塔影，
月色映照着河边的流萤。
春风吹遍了坦平的原野，
群山结成了坚固的围屏。

啊！延安！
你这庄严雄伟的古城，
到处传遍了抗战的歌声。

啊！延安！
你这庄严雄伟的古城，
热血在你胸中奔腾。
千万颗青年的心，
埋藏着对敌人的仇恨，
在山野田间长长的行列，
结成了坚固的阵线。

看，群众已抬起了头，
看，群众已扬起了手。

无数的人和无数的心，
发出了对敌人的怒吼。
士兵瞄准了枪口，
准备和敌人搏斗。

啊！延安！
你这庄严雄伟的城墙，
筑成坚固的抗战的阵线。
你的名字，将万古流芳，
在历史上灿烂辉煌！

纪念碑

田 间

高大的英雄石碑，
竖立在广场之上；
它刻着金的字句，
像雄鹰似的辉煌。

鹰啊 革命的鹰群，
并没有折断翅膀；
它在静静地伏着，
抚着祖国的心脏。

它守卫在天安门边，
眺望蔚蓝的穹（qióng）苍；
冰雪闪电和枪弹，
再也不能把它损伤。

假如它看见了信号，
它就要召唤祖国——
点起战斗的火炬，
再把那警钟敲响。

沿着长长的宫墙，
金盏菊花蕊（ruǐ）芬芳；
这是美丽的花坛，
鸽子嬉戏在青草上。

兄弟们吹奏铜笛，
把英雄的事迹歌唱，
祖国年轻的儿女，
要记着这个方向！

迎接胜利

何雪松

乌云遮不住太阳，
冰雪锁不住春天，
铁牢——
关住了战士的身子，
关不住要解放的心愿。
不怕你豺（chái）狼遍野，
荆（jīng）棘（jí）满山，
怎比得，
真理的火流，
革命的烈焰。
看破晓的红光，
销（xiāo）铄（shuò）了云层，
解放的歌声，
响亮在人间。
用什么来迎接我们的胜利？
用我们不屈的意志，
坚贞的信念！

小贴士

何雪松（1918—1949），1947 年因组织武装起义被捕，1949 年重庆解放前夕英勇就义。这首诗是 1949 年初何雪松在狱中得知三大战役胜利的消息后写的。

老照片

臧思佳

爷爷要翻新老照片，
拿出一张给我看。
这张红色要鲜艳，
他在入党宣誓言。
褪（tuì）色皱边的老照片，
宝贝般藏几十年。
看了一遍又一遍，
小心交我手里面。
我取回翻新老照片，
故事显得不久远。
老人们变得健谈，
好像又回到昨天。

它再不会褪淡容颜，
它长进我心里面。
红领巾般的鲜艳，
飘扬在大路眼前。
我要收好这张老照片，
把故事记在它背面。
也许成长会有变迁，
初心不变此时少年。
我要记住这张老照片，
把精神唱进歌里面。
不管再过去多少年，
那火红都闪耀心间。

第二辑

革命的火焰

就义诗

夏明翰

砍头不要紧，
只要主义真。
杀了夏明翰，
还有后来人。

小贴士

夏明翰（1900—1928），湖南、湖北早期党组织重要领导人，1928年被捕后英勇就义。

自由诗

［匈牙利］裴多菲 / 著　殷夫 / 译

生命诚宝贵，
爱情价更高。
若为自由故，
二者皆可抛。

青 松

陈 毅

大雪压青松，
青松挺且直。
要知松高洁，
待到雪化时。

江南第一燕

瞿秋白

万郊怒绿斗寒潮，
检点新泥筑旧巢。
我是江南第一燕，
为衔春色上云梢。

小贴士

瞿秋白（1899—1935），中国共产党早期重要领导人之一，1935年被捕，后英勇就义。

雪　压

方志敏

雪压竹头低，
低下欲沾泥。
一朝红日起，
依旧与天齐。

小贴士

方志敏（1899—1935），中国无产阶级革命家、军事家，1935年不幸被捕，后英勇就义。

我是宝剑

高君宇

我是宝剑，
我是火花，
我愿生如闪电之耀亮，
我愿死如彗星之迅忽。

小贴士

高君宇（1896—1925），山西人，中国共产党北方党团组织的主要负责人和山西党团组织的创始人。他把这首诗写在自己的照片上。

如 果

雷 锋

如果你是一滴水，
你是否滋润了一寸土地？
如果你是一线阳光，
你是否照亮了一分黑暗？
如果你是一颗粮食，
你是否哺育了有用的生命？

如果你是一颗最小的螺丝钉，
你是否永远守在你生活的岗位上？
如果你要告诉我们什么思想，
你是否在日夜宣扬那最美丽的理想？

你既然活着，
你又是否为了未来的人类生活付出你的劳动，
使世界一天天变得更美丽？
我想问你，
为未来带来了什么？
在生活的仓库里，
我们不应该只是个无穷尽的支取者。

向日葵

王亚平

金黄的、庄严的向日葵，
把花朵朝着太阳开放。

太阳把多光的羽箭，投射到
她明静而柔美的花冠。

她有战士的崇高品德，
她嘲笑睡倒在黑暗中的小草。

夜里，风雨打落她的花瓣，
早晨，她依然朝着太阳。

小贴士

《向日葵》创作于1943年抗日战争期间。这首诗用向日葵这个形象，歌颂向往光明、敢于冲破黑暗、为解放中华民族抛洒热血的人们。

扑灯蛾

蒲　风

熊熊的火焰在燃烧，
无数的扑灯蛾齐向火焰中扑跳；
——先先后后，
没有一个要想退走！

哦！你渺小的扑灯蛾哟！
难道你不知道这烈火会把你烧？
难道你不曾看见
许许多多的同伴已在火中烧焦？

为着坚持自己的目标奋斗到底，
——不怕死！
为着不忍苟全一己的生命，
——不怕死！
扑灯蛾！扑灯蛾！
是否你们因此而继续
不断地投在火焰里？

熊熊的火焰在燃烧，
无数的扑灯蛾已在火中烧焦！
先先后后，没有一个要想退走！
啊啊！它们没有一个要想退走！

小贴士

《扑灯蛾》创作于1929年。这是白色恐怖笼罩的时期。诗人用“扑灯蛾”这个形象，表现被压迫者不怕牺牲、前仆后继的反抗精神。

泥　土

鲁　藜

老是把自己当作珍珠
就时时有怕被埋没的痛苦

把自己当作泥土吧
让众人把你踩成一条道路

海 燕

[苏联]高尔基

在苍茫的大海上，狂风卷集着乌云。在乌云和大海之间，海燕像黑色的闪电，在高傲地飞翔。

一会儿翅膀碰着波浪，一会儿箭一般地直冲向乌云，它叫喊着——就在这鸟儿勇敢的叫喊声里，乌云听出了欢乐。

在这叫喊声里——充满着对暴风雨的渴望！在这叫喊声里，乌云听出了愤怒的力量、热情的火焰和胜利的信心。

海鸥在暴风雨来临之前呻吟着——呻吟着，它们在大海上飞窜，想把自己对暴风雨的恐惧，掩藏到大海深处。

海鸭也在呻吟着——它们这些海鸭啊，享受不了生活的战斗的欢乐：轰隆隆的雷声就把它们吓坏了。

蠢笨的企鹅，胆怯地把肥胖的身体躲藏到悬崖底下……只有那高傲的海燕，勇敢地，自由自在地，在泛起白沫的大海上飞翔！

乌云越来越暗，越来越低，向海面直压下来，而波浪一边歌唱，一边冲向高空，去迎接那雷声。

雷声轰响。波浪在愤怒的飞沫中呼叫，跟狂风争鸣。看吧，狂风紧紧抱起一层层巨浪，恶狠狠地把它们甩到悬崖上，把这些大块的翡翠摔成尘雾和碎末。

海燕叫喊着，飞翔着，像黑色的闪电，箭一般地穿过乌云，翅膀掠起波浪的飞沫。

看吧，它飞舞着，像个精灵——高傲的、黑色的暴风雨的精灵——它在大笑，它又在号叫……它笑那些乌云，它因为欢乐而号叫！

这个敏感的精灵——它从雷声的震怒里，早就听出了困乏，它深信，乌云遮不住太阳——是的，遮不住的！

狂风吼叫……雷声轰响……

一堆堆乌云，像青色的火焰在无底的大海上燃烧。大海抓住闪电的箭光，把它们熄灭在自己的深渊里。这些闪电的影子，活像一条条火蛇，在大海里蜿蜒游动，一晃就消失了。

——暴风雨！暴风雨就要来啦！

这是勇敢的海燕，在怒吼的大海上，在闪电中间，高傲地飞翔；这是胜利的预言家在叫喊：

——让暴风雨来得更猛烈些吧！

第三辑

红色交响曲

西江月·井冈山

毛泽东

山下旌（jīng）旗在望，
山头鼓角相闻。
敌军围困万千重，
我自岿（kuī）然不动。
早已森严壁垒，
更加众志成城。
黄洋界上炮声隆，
报道敌军宵（xiāo）遁（dùn）。

宵遁：趁夜逃走。

小贴士

这首词写于 1928 年黄洋界保卫战胜利后。

七律·长征

毛泽东

红军不怕远征难，
万水千山只等闲。
五岭逶（wēi）迤（yí）腾细浪，
乌蒙磅（páng）礴（bó）走泥丸。
金沙水拍云崖暖，
大渡桥横铁索寒。
更喜岷（mín）山千里雪，
三军过后尽开颜。

逶迤：弯弯曲曲，延续不绝。

磅礴：气势雄伟。

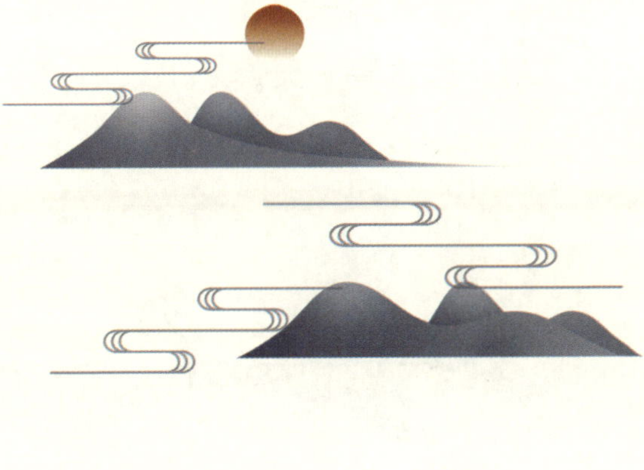

过雪山草地

萧 华

雪皑（ái）皑，
野茫茫。
高原寒，
炊断粮。
红军都是钢铁汉，
千锤百炼不怕难。
雪山低头迎远客，
草毯泥毡（zhān）扎营盘。
风雨侵衣骨更硬，
野菜充饥志越坚。
官兵一致同甘苦，
革命理想高于天。

妈妈和孩子

陈 辉

夜啊已经很深，
小房子里，
还没有熄灯。

孩子解着袄，
妈妈啊，
在给爸爸写信。

孩子颠着小脑袋，
轻轻地摇着妈妈：
告诉爸爸啊，
多杀几个敌人吧！

灯熄了，
妈妈和孩子，
都有了梦啦；
梦里，
爸爸扛着一挺歪把子，
趴在一株松树下……

歪把子：日式机枪名。

小贴士

陈辉（1920—1945），原名吴盛辉，湖南人，1938年到延安参加革命工作，1941年后下乡做群众工作，1945年不幸牺牲。

在高山旁（节选）

田　间

战士背着枪，
骑在红马上，
马蹄踏踏响，
路过高山旁。

在这高山旁，
叫人不能忘，
烈士的坟园上，
红花已经开放。

兵车在急雨中前进

蔡其矫

兵车在急雨中前进，
飘扬起士兵的歌声，
这歌声是勇敢的战约，神圣的誓言，
这歌声是人民的呼唤，家乡的祝福，
是自由与正义的声音！
为人民去战斗，一切人都成大勇者！
兵车在急驰，带着歌声向前去，
头上是低垂的云雾，
脚下是怒潮似的轮声，
汽笛便是万众的欢呼，
草舍、山丘、牧野都一齐回应，
轮声、笛声、歌声笼罩四野，
人民的大军在前进！

西盟的早晨

公　刘

我推开窗子，
一朵云飞进来——
带着深谷底层的寒气，
带着难以捉摸的旭日的光彩。
在哨兵的枪刺上，
凝结着昨夜的白霜，
军号以激昂的高音，
指挥着群山每天最初的合唱……
早安，边疆！
早安，西盟！
带枪的人都站立在岗位上
迎接美好生活中的又一个早晨……

军帽底下的眼睛

胡 昭

透过炮火，透过烟雾，
那军帽底下
闪动着一对眼睛，
它们在四下搜寻。

从一个伤员爬向一个伤员，
她望着同志们坚毅的眼睛，
轻声地说："不要紧……"
每个指尖都充满疼爱，
她包扎得又快又轻。

我想起妹妹的眼睛
那么天真而明净，
我想起妈妈的眼睛
那么温暖那么深……
深深地望了她一眼
我回身又扑向敌人。

无论黑夜或白天
不管我守卫，我冲锋……
我眼前常闪动起那对眼睛。

这时，我就把枪握得更紧，
我就更准地射击敌人。
我要保卫那对眼睛——
妹妹的眼睛，妈妈的眼睛，
我亲爱的祖国的眼睛！

红的雪花

鲁 藜

冬天，在战斗里
我们暂时用雪掩埋一个战死的同志

雪堆成一座坟
血液渲染着它的周围

血和雪相抱
辉照成虹彩的花朵

太阳光里，花朵消融了
有种子掉在大地里

祖国的好山河寸土不让

北京京剧团集体改编创作

朝霞映在阳澄湖上
芦花放，稻谷香，岸柳成行

全凭着劳动人民一双手
画出了锦绣江南鱼米乡

祖国的好山河寸土不让
岂容日寇（kòu）逞（chěng）凶狂

战斗负伤离战场
养伤来在沙家浜（bāng）

半月来，思念战友与首长
也不知转移在何方

军民们准备反扫荡
何日里，奋臂挥刀斩豺狼

伤员们日夜盼望身健壮
为的是早早回前方

红军柳

高洪波

三株柳树，在高原
盘根错节，枝叶扶疏
高冈上是哈达和一方巨石
高冈下是九曲黄河
和洁白的羊群、牦牛和大狗

此刻，我拜谒（yè）三棵柳树
这是七十年前一支队伍中
一个七岁孩子手中的拐棍
种植而成的呀　红军柳
那孩子后来留在了藏区
成为一个步履蹒（pán）跚（shān）的牧民
已全然遗忘了湘西的方言
目光中偶尔闪现的
是对命运的疑问　或许
还有一个童年的挑战

在红军柳下我们合影
高原的风吹动我们的旗帜

还有狂跳不止的心灵
是一支什么样的军队
穿过雪山　走过雪原
留下一粒粒坚强的种子
让不屈的红军柳
昭示一代又一代的后人？

在这片土地上　留下过太多的
南方走来的生命和骸（hái）骨呀
共和国大厦的奠（diàn）基石
便是这无名或有名的骸骨支撑
于是，以长征的名义
向红军柳，敬礼！

第四辑

从小爱祖国

太阳　红旗

圣　野

太阳升起来了，
小朋友说：
太阳公公，
您早！

红旗升起来了，
红领巾说：
祖国妈妈，
您好！

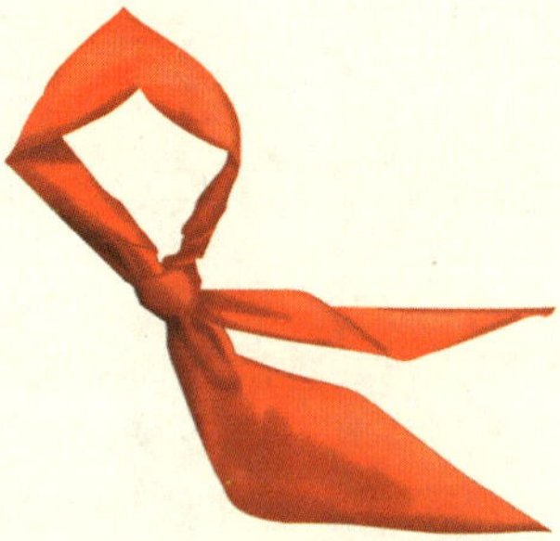

早安 祖国

圣 野

祖国在鸟鸣声里醒来了
让我们站到村口去迎接
让我们爬上山头去迎接
让我们奔到
新建成的拦洪坝上去迎接

祖国，你醒来了
听我们放开清亮的歌喉
弹起流水的琴弦
给你唱一支早安的歌
早安，我的祖国
我的红光满面的祖国！

飞吧，鸽群

严　阵

飞吧，鸽群，
按照自己的心意，
我的祖国
把所有的天空全交给你，
能对你说出这句话，
我多么自豪，
祖国啊，
是你给了我这种权利！

这个家庭叫中华

江全章

你家住在长江边，
我家住在长城下，
她家住在阿里山，
东西南北千万家。
你家我家她的家，
合成一个幸福家。
这个家庭叫中华，
我们是家里的好娃娃。

祖国是把大琴

管用和

祖国是把大琴，
琴弦五十六根。
五十六根琴弦，
弹出美好声音。
五十六个民族，
歌唱祖国母亲。

祖国，祖国，我们爱你

潘振声

小小蜡笔穿花衣，
红黄蓝绿多美丽。
小朋友们多么欢喜，
画个图画比一比。
画小鸟飞在蓝天里，
画小草长在春天里。
你画太阳，我画国旗，
祖国，祖国，我们爱你！

从小爱祖国

冬　木

鸟儿爱蓝天，
鱼儿爱江河。
蚯蚓爱泥土，
蜜蜂爱花朵。
我们好儿童，
从小爱祖国。

月亮，月亮，请你告诉我

曾 卓

月亮天上走，
我在地上走，
月亮和我是好朋友。
月亮向我微微笑，
我对月亮招招手。

月亮月亮你下来，
没有桥，没有路，
你顺着月光的小河流下来，
我敬个礼，拍拍手，
欢迎远方的好朋友。

月亮月亮，请你告诉我：
天上的云彩有多少片？
天上的星星有多少颗？
你在天上寂寞不寂寞？
你对大地低声唱的是什么歌？

月亮月亮，再请你告诉我：
哪儿的森林永不老？
哪儿的花朵开不败？
哪儿的少年比我们更快乐？
哪儿比我的祖国更可爱？

贺年片

徐 刚

把我的诗当作贺年片，
献给我亲爱的祖国。
——不是万古长青的松柏，
没有花花绿绿的颜色……
那只是刚从心里流出的水珠，
每一个字都还滚烫炽热——
我要说，我爱你，祖国，
贫穷的祖国也是我的祖国！
我爱苦的黄连，
我爱甜的甘蔗。
我爱热的南方，
我爱冷的北国。
我爱一切嫩芽，
我爱所有弱者。
我爱深山中的樵（qiáo）夫，
我爱沙漠里的骆驼……
只有站在祖国的泥土上，
我的眼睛才能像泉水一般清澈（chè）！
我的贺年片在我的心上，
我的心上是亲爱的祖国。

我的祖国

乔　羽

一条大河波浪宽，
风吹稻花香两岸。
我家就在岸上住，
听惯了艄公的号子，
看惯了船上的白帆。

这是美丽的祖国，
是我生长的地方，
在这片辽阔的土地上，
到处都有明媚的风光。

姑娘好像花儿一样，
小伙儿心胸多宽广。
为了开辟新天地，
唤醒了沉睡的高山，
让那河流改变了模样。

这是英雄的祖国，
是我生长的地方，

在这片古老的土地上，
到处都有青春的力量。

好山好水好地方，
条条大路都宽畅。
朋友来了有好酒，
若是那豺狼来了，
迎接它的有猎枪。

这是强大的祖国，
是我生长的地方，
在这片温暖的土地上，
到处都有和平的阳光。

我爱祖国的蓝天

阎　肃

我爱祖国的蓝天，
晴空万里阳光灿烂。
白云为我铺大道，
东风送我飞向前。
金色的朝霞在我身边飞舞，
脚下是一片锦绣河山。
啊，水兵爱大海，
骑兵爱草原，
要问飞行员爱什么，
我爱祖国的蓝天。

我爱祖国的蓝天，
云海茫茫一望无边。
春雷为我敲战鼓，
红日照我把敌歼。
美丽的长虹搭起彩门，
迎接着战鹰胜利的凯旋。
啊，水兵爱大海，
骑兵爱草原，
要问飞行员爱什么，
我爱祖国的蓝天。

祖国颂（节选）

田　间

祖国，青的天空，
和黄金似的国土，
已经独立自由，
已经拨开云雾。

这是灿烂的时日，
我们党画好蓝图；
祖国啊，我们欢呼，
光荣地奔上大路！

我爱这土地

艾　青

假如我是一只鸟，
我也应该用嘶哑的喉咙歌唱：
这被暴风雨所打击着的土地，
这永远汹涌着我们的悲愤的河流，
这无止息地吹刮着的激怒的风，
和那来自林间的无比温柔的黎明……
——然后我死了，
连羽毛也腐烂在土地里面。

为什么我的眼里常含泪水？
因为我对这土地爱得深沉……

第五辑

崭新的天地

六月的世界

徐国志

六月的太阳
笑得叮叮当当
白气球黄气球黑气球
系着橄（gǎn）榄（lǎn）枝
系着鸽哨
飞到蓝天上
世界在六月回到童年
国境线
没有睁大眼睛的铁丝网
黄孩子白孩子黑孩子
手挽手
放飞一个个彩色的幻想
快乐地歌唱
为和平画像

画古老的长城卧成巨龙
画自由女神手中的火光
画狮身人像边的金字塔
画非洲丛林中的大象

六月铺起一条五彩路
全世界的孩子走在同一条路上

长城内外

梁上泉

长城高，千山小，
塞上白云多，
去来拦飞鸟。
铁壁万里长，
屹立到今朝，
风风雨雨两千年，
巍然摧（cuī）不倒！

关内丘冈如波涛，
穗穗，苗苗，
黄了多少？
青了多少？

战壕（háo）改渠道，
银水村边绕；
碉（diāo）堡变粮仓，
金谷已装饱。
塞外草原大无边，
花花，草草，
红了多少？
绿了多少？

牛羊似珍珠，
颗颗闪光耀；
毡包似花蕾，
朵朵欲放苞。

台上烽烟不再起，
眼望彩虹心发笑，
人人驱骏马，
骏马如飞跑，
自由驰骋（chěng）蓝天下，
只听风声耳边啸，
登城一望千山小，
农歌和牧歌，
更比白云高！

中国的风筝

绿　原

从蚂蚁的地平线飞起
从花蝴蝶的菜园飞起
从麻雀的胡同飞起
从雨燕的田野飞起
从长翅膀的奔马扬起一蓬火光的草原飞起

带着幼儿园拍手的欢呼飞起
带着小学校升旗的歌曲飞起
带着提菜篮子的主妇的微笑飞起
带着想当发明家的残疾少年的誓愿飞起
带着一亿辆自行车逆风骑行的加速度飞起

飞过了戴着绿色冠冕（miǎn）的乔木群
飞过了传递最新信息的高压线
飞过了刚住进人去的第二十层高楼
飞过了几乎污染了云彩的煤烟
飞过了十次起飞有九次飞不起来的梦魇（yǎn）

望得见长城像一道堤（dī）埂（gěng）
望得见黄河像一条蚯蚓
望得见阡陌纵横像一块棋盘
望得见田亩里麦垛（duò）像一枚枚小兵
望得见仰天望我的儿童们的亮眼像星星

说不定被一阵劲风刮到北海去
说不定被一行鸿雁邀到南洋去
说不定被一架喷气式引到外国港口去
说不定被一只飞碟拐到黑洞里去
说不定被一次迷惘（wǎng）送到想去又不敢去的地方去

飞吧　飞吧　更高一些飞吧
任凭万有引力从四面八方拉来扯去
只因有一根看不见也剪不断的脐（qí）带
把你和母体大地紧紧相连
才使你像一块神秘的锦绣永远嵌在儿时的天幕

让我们荡起双桨

乔 羽

让我们荡起双桨
小船儿推开波浪
海面倒映着美丽的白塔
四周环绕着绿树红墙
小船儿轻轻飘荡在水中
迎面吹来了凉爽的风

红领巾迎着太阳
阳光洒在海面上
水中鱼儿望着我们
悄悄地听我们愉快歌唱
小船儿轻轻飘荡在水中
迎面吹来了凉爽的风

做完了一天的功课
我们来尽情欢乐
我问你亲爱的伙伴
谁给我们安排下幸福的生活
小船儿轻轻飘荡在水中
迎面吹来了凉爽的风

示 儿

蓝蒂裕

你——耕荒，
我亲爱的孩子；
从荒沙中来，
到荒沙中去。

今夜，
我要与你永别了。
满街狼犬，
遍地荆棘，
给你什么遗嘱（zhǔ）呢？
我的孩子！

今后——
愿你用变秋天为春天的精神，
把祖国的荒沙，
耕种成为美丽的园林！

小贴士

蓝蒂裕（1916—1949），中共党员，1948年被捕，关在重庆渣滓洞监狱，1949年10月28日牺牲。

花

白深富

我爱花。
我爱洋溢着青春活力的花，
带着霜露迎接朝霞。

不怕严寒，不怕黑暗，
最美丽的花在漆黑的冬夜开放。

它是不怕风暴的啊，
风沙的北国，
盛开着美丽的矫健的百花。

我爱花。
我爱在苦难中成长的花，
即使花苞被摧（cuī）残了，
但是更多的
　　更多的花在新生。

一朵花凋（diāo）谢了，
但是更多的花将要开放，

因为它已变成下一代的种子。

花是永生的啊，
我爱花，
我爱倔（jué）强（jiàng）的战斗的花。

花是无所不在的，
肥沃的地方有花，
贫瘠（jí）的地方有花。
在以太里
有无线电波交织的美丽的花；
在一切的上面
有我们理想的崇高的花。

我爱花，
我愿为祖国
开一朵绚（xuàn）丽的血红的花。

小贴士

白深富（1917—1949），四川人，中共党员，1948 年被捕后关在重庆渣滓洞监狱，1949 年重庆解放前夕牺牲。

钟声又响起来了……

严　阵

钟声又响起来了，太阳又升上来了，
习以为常的笑声和歌声又闹起来了，
在所有人们的心目中，
这是多么平常的一天！

我们生活中这最最平常的一天啊，
就是战死的同志曾经向往的未来，
记住吧，记住这句话，
你就会懂得如何将它珍爱。

新的长城

[土耳其]纳齐姆·希克梅特/著　袁水拍/译

我看见了
新中国的长城，
那砖石就是
千千万万团结的人民。
它的大门为朋友而开，
敌人还没有爬近台阶，
就折断了他的头颈。

笑什么

程晓村

笑什么，朋友，
是不是，
笑我是一个傻瓜？
是的，
我是一个傻瓜。
我以我的热情，
我希望将来有一个
大家庭，
不用钥匙，
也不用大门。

小贴士

程晓村（1913—1941），江西人，1936年加入中国共产党，曾任中共鄱阳县委委员，1941年被国民党杀害。

歌唱现代

陶行知

我们不歌唱过去，
我们不歌唱未来，
我们只歌唱现代：
歌唱从古以来之现代，
歌唱未来所从来之现代，
歌唱现代的战斗，
歌唱现代的创造，
创造到无穷的将来！

图书在版编目（CIP）数据

红色经典诗文诵读．一／《红色经典诗文诵读》编委会编．— 厦门：鹭江出版社，2021.5
ISBN 978-7-5459-1883-0

Ⅰ．①红… Ⅱ．①红… Ⅲ．①革命传统教育—中国—青少年读物 Ⅳ．①D642-49

中国版本图书馆 CIP 数据核字（2021）第 084918 号

红色经典诗文诵读（一）
《红色经典诗文诵读》编委会 编

出　　版：鹭江出版社
地　　址：厦门市湖明路 22 号　　　邮政编码：361004
发　　行：福建新华发行（集团）有限责任公司
印　　刷：福州德安彩色印刷有限公司
地　　址：福州金山工业区浦上园 B 区 42 栋　　　联系电话：0591-28059365
开　　本：700mm×1000mm　1/16
印　　张：5
字　　数：45 千字
版　　次：2021 年 5 月第 1 版　　2021 年 5 月第 1 次印刷
书　　号：ISBN 978-7-5459-1883-0
定　　价：18.00 元